#POSTUREO.

#POSTUREO.

EL LIBRO

PAULA SANCHO

ILUSTRACIONES DE ELENA ÉPER

Planeta

Diagonal, 662-664, 08034 Barcelona (España)
www.editorial.planeta.es
www.planetadelibros.com

Ilustraciones y diseño del interior: © Elena Éper
Fotografías del interior: Shutterstock, © Ververidis Vasilis / Shutterstock, © Alexander Tihonov / Shutterstock, wavebreakmedia / Shutterstock, © Albert Barr / Shutterstock, © Albert Ziganshin / Shutterstock, © Catarina Belova / Shutterstock, Getty Images, © Andrew Rich / Getty Images, © John Lund / Getty Images, iStockphoto, © Linda Bucklin / iStockphoto, © Gruizza / iStockphoto, © Robert Churchill / iStockphoto, © skynesher / iStockphoto

Primera edición: noviembre de 2014
Depósito legal: B. 21.980-2014
ISBN 978-84-08-13375-9
Impresión y encuadernación: Gráficas Estella, S. L.
Printed in Spain – Impreso en España

El papel utilizado para la impresión de este libro es cien por cien libre de cloro y está calificado como **papel ecológico**

¿Qué es postureo?, dices mientras clavas
en mi pupila tu pupila azul.
¿Qué es postureo? ¿Y tú me lo preguntas?
Postureo... eres tú.

Índice

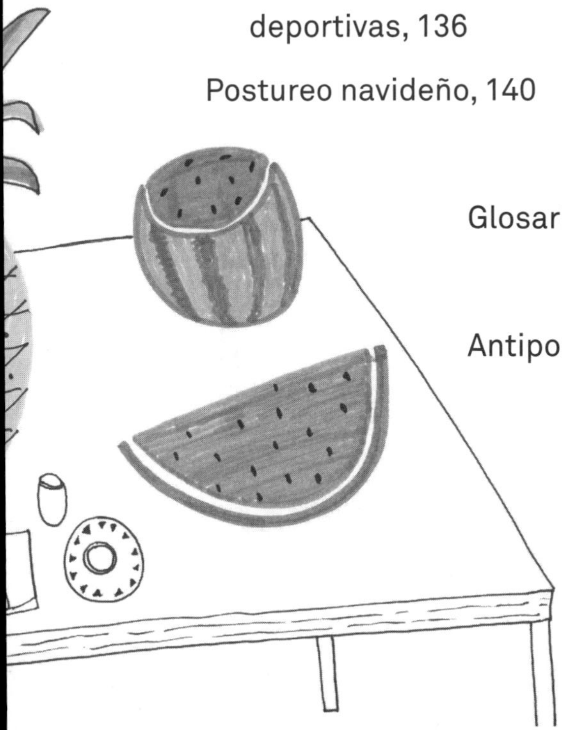

POSTURITAS:

QUEREMOS SABER CUÁLES SON LOS MÁXIMOS POSTUREOS QUE HAYÁIS VISTO DE “UN AMIGO”... VAMOS, LOS VUESTROS. USAD LOS HASHTAGS QUE APARECEN EN CADA CAPÍTULO Y HACED SABER AL MUNDO VUESTRO NIVEL DE POSTUREO.

#ManifiestoPostureo

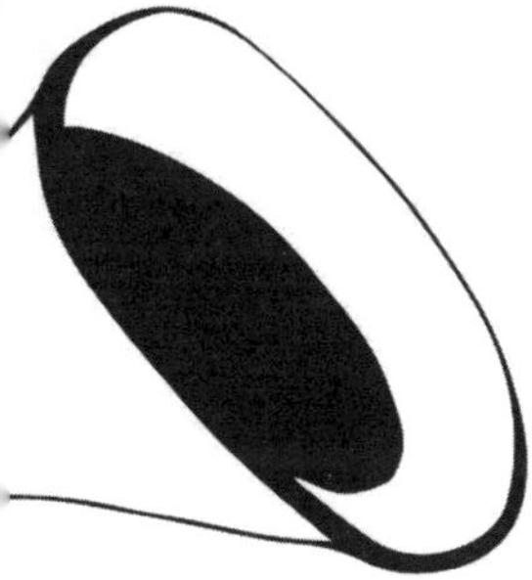

EL POSTUREO ES LA PLAZA PÚBLICA DE LAS REDES SOCIALES.

EL POSTUREO ES ESE EXHIBICIONISMO PROVINCIANO QUE TODOS LLEVAMOS DENTRO.

EL POSTUREO ES UN DELIRIO DE MUESTRA, LA NECESIDAD DE POSE INHERENTE A NUESTRO SER.

EL POSTUREO ES UNA ACTITUD CON LA QUE JUGAMOS A SER LO QUE NO SOMOS, LA NECESIDAD DE QUE NOS ENVIDIEN O ALABEN.

EL POSTUREO NO SE CREA NI SE DESTRUYE, SOLO SE TRANSFORMA.

LAS MODAS PASAN, EL POSTUREO PERMANECE.

#PostureoPareja

POSTUREO DE PAREJA

PENSAR QUE EL ARGENTINO CON EL QUE ESTÁS ES DIFERENTE.
33
Putón
Unos meses después...
"CARI, NO TONTEO, ES MI AMIGA."
UBRIQUE

"NOSOTROS NO
CELEBRAMOS
SAN VALENTÍN,
NOS QUEREMOS
TODO EL AÑO."

EL MEJOR AMIGO DE TU NOVIA.
EL NOVIO DEL PUEBLO.
¡Pichurri!

LA NOVIA DEL PUEBLO.

"YO ES QUE ME LLEVO
MUY BIEN CON MI EX."

"SOLO TENGO OJOS PARA TI."

VOY A DEDICAR EL VERANO A PENSAR EN MIS COSAS.

"NECESITO SABER SI TE ECHO DE MENOS."

"Voy a zorrear a muerte durante
una temporadita y ya si eso te llamo."

“LO HEMOS DEJADO LOS DOS.”

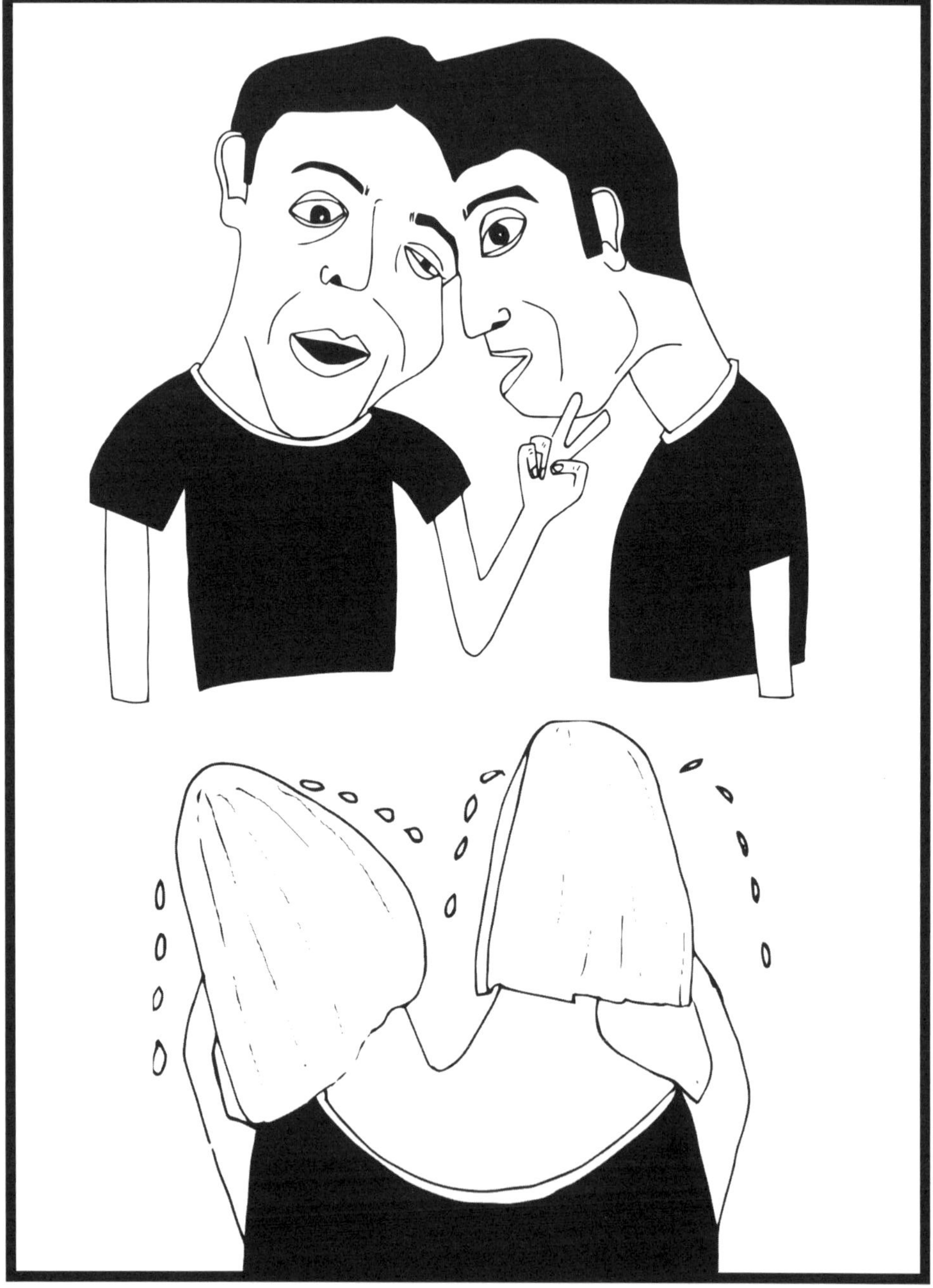

"NO ERES TÚ, SOY YO."
OASIS
BLUR

#PostureoMadres

"ES LA PRIMERA VEZ
QUE ME SIENTO EN
TODO EL DÍA."

#PostureoMadres

MADRES QUE CUENTAN QUE IBAN "AL BAILE" (EL GOLFERÍO DE LA ÉPOCA).

CONFIANZA CIEGA

"YO CONFÍO EN TI, NO EN LOS DEMÁS."

MADRES QUE SE MASTURBAN CON "CINCUENTA SOMBRAS DE GREY".

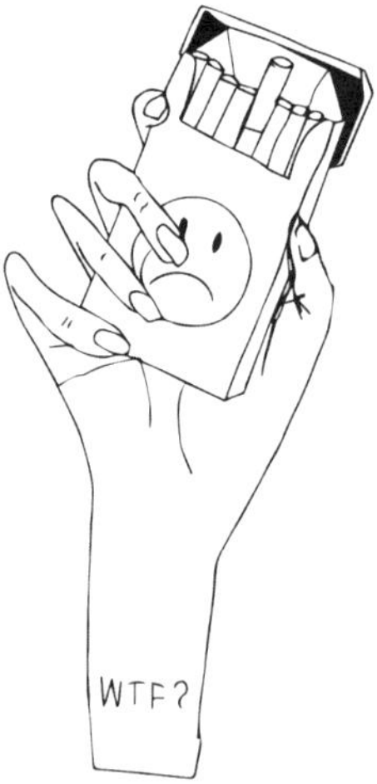

"ESE PAQUETE DE TABACO NO ES MÍO, SE LO ESTOY GUARDANDO A UN AMIGO."

DECIRLE A TU MADRE QUE TE DEJE SALIR, QUE VAN TODOS.

DECIRLE A TU MADRE QUE DUERMES EN CASA DE UNA AMIGA.

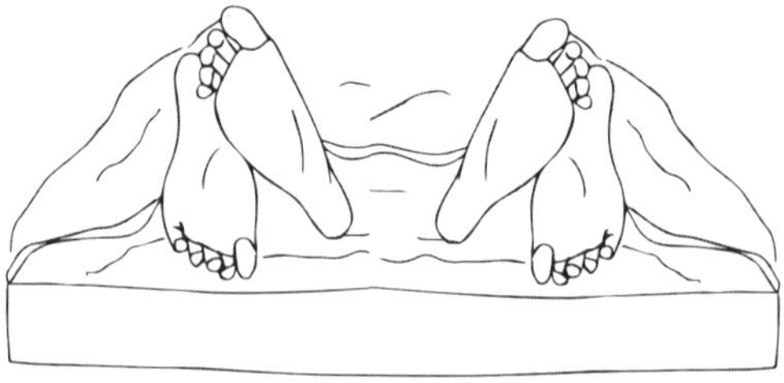

#PostureoAdolescentes

"Quince años tiene mi amor..."

#PostureoAmigas

POSTUREO DE AMIGAS

“Forever.”

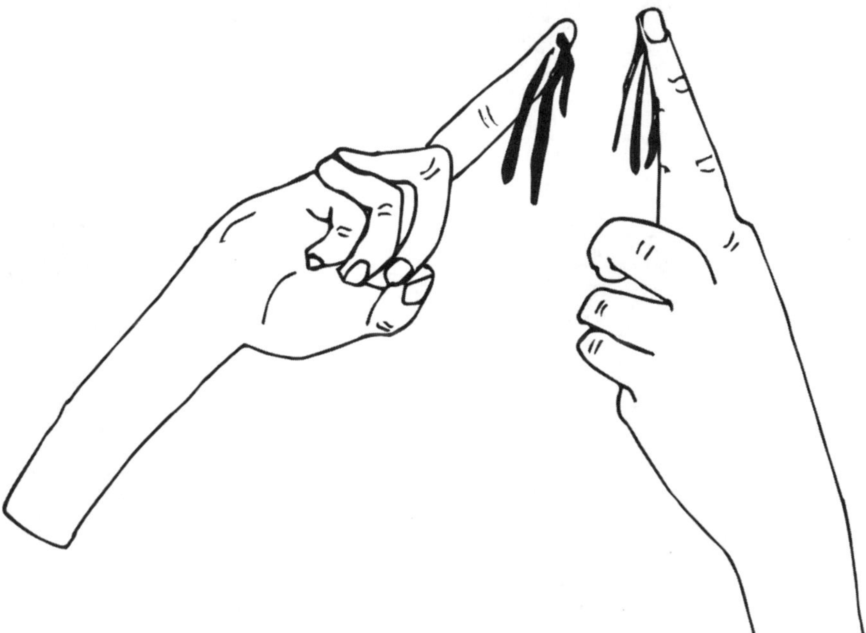

PONERTE DE FOTO DE PERFIL UN SELFIE
AL LADO DE TU AMIGA LA FEA PARA RESALTAR.

"TÚ VALES MÁS QUE TODO ESO."
SCHWEITZERISCHE NATIONALBANK
"TÍA, NO TE RAYES, PASA DE ÉL."
TORRENTE

“PARA MÍ, EL NOVIO DE UNA AMIGA ES SAGRADO.”
¡NOVIO ES SAGRADO!

"TÍA, CÓMPRATELO,
TE QUEDA SUPERBIÉN..."
... PERO NO.

CHICAS QUE PIROPEAN A SUS AMIGAS
LLAMÁNDOLAS "GUAPAS" POR FACEBOOK...
... PERO NO.

DECIR "NO TENGO PASTA" CUANDO NO TE APETECE NADA EL PLAN.

¡Ding, dong!
¿QUIÉN ES?
¡NOOO!

RAJAR A MUERTE DEL AMIGO QUE FALTA
Y DECIR AL FINAL...
... "PERO ES BUEN TÍO".
GUARDIOLA
4
adidas

"TÍA, TE MATO, ¿CÓMO SUBES ESTA FOTO?",
PERO TE ENCANTA CÓMO SALES.

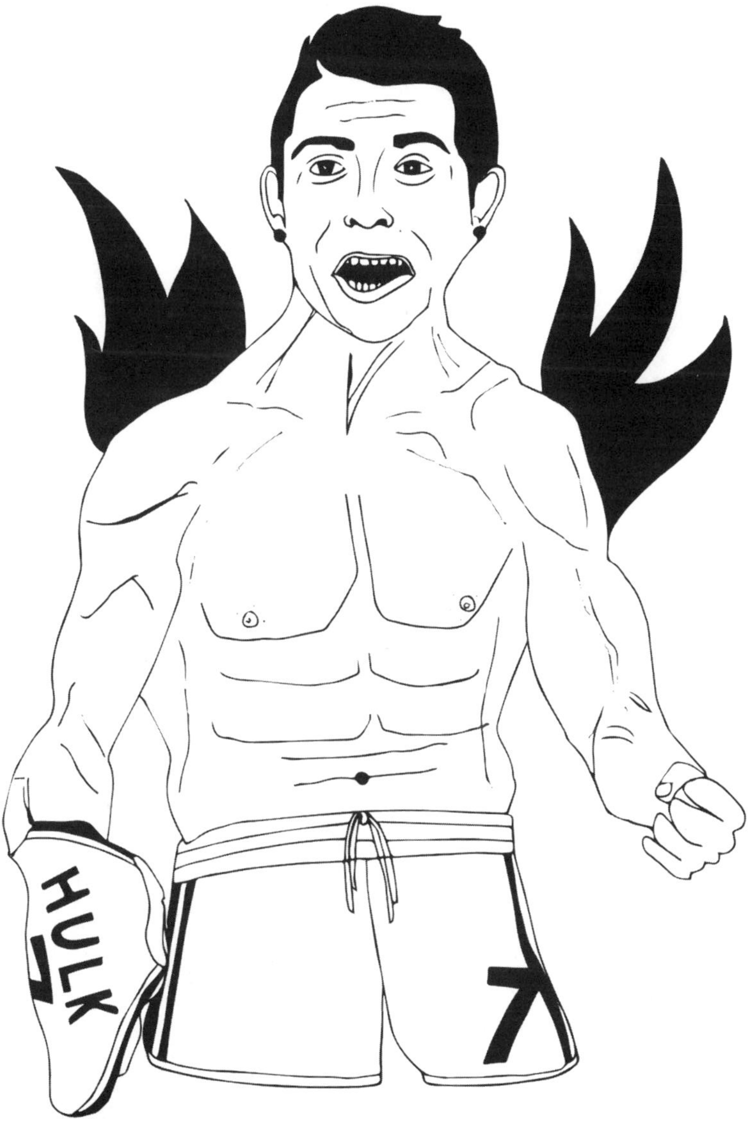

#PostureoExámenes

COLOCAR AL GATO ENCIMA DE LOS APUNTES
Y PUBLICAR: "ASÍ NO SE PUEDE ESTUDIAR".

IR A REVISIÓN
AUNQUE ESTÉS
APROBADO.

IR MORENO EN SEPTIEMBRE A LLORARLE AL PROFESOR, AFIRMANDO QUE TE HAS PASADO EL VERANO ESTUDIANDO.

PUBLICAR SOLO LAS NOTAS APROBADAS EN FACEBOOK.

#PostureoHistórico

NO HEMOS INVENTADO NADA.

CON LAS PINTURAS RUPESTRES
YA QUERÍAN PRESUMIR DE QUIÉN CAZABA MÁS.

LOS AUTORRETRATOS FUERON LOS PRIMEROS SELFIES.

CON LOS BODEGONES YA POSTUREABAN LO QUE COMÍAN.

#yummy #foodporn #sufriendo

#PostureoNocturno

POSTUREO NOCTURNO

APROVECHAR HALLOWEEN PARA PONERSE
EL DISFRAZ QUE MÁS ENSEÑE.

"FIESTAS IBICENCAS" EN SECARRALES DE CUENCA.
JOY
EL REPARTEFLYERS QUE DICE QUE ES RR. PP.
FLYER

EL RECOGEVASOS QUE DICE QUE ES STAFF.
STAFF!
DON SIMÓN
EL QUE PREGUNTA POR LAS GINEBRAS QUE TIENEN, CUANDO VIENE DE HACER UN BOTELLÓN DE CALIMOCHO.

EL QUE SE LO PASA BIEN SOLO CUANDO VE AL FOTÓGRAFO.
EL QUE NO QUIERE FLYERS PORQUE "YA ESTÁ EN LISTA".

PEDIRTE UN GIN-TONIC AUNQUE NO TE GUSTE.
LLAMAR OKTOBERFEST A CUALQUIER SARAO CON BIRRAS.

SER SOLTERO EXIGENTE Y ACABAR CON EL CULO
DE UN CUBATA BAJANDO EXPECTATIVAS A LAS 6 A. M.

#PostureoTribusUrbanas

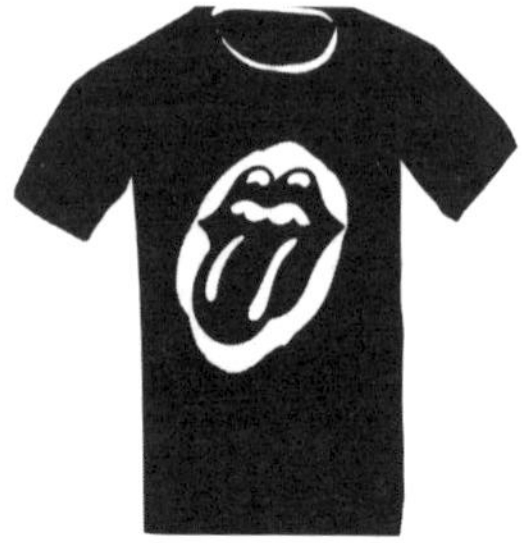

PIJO

"LA LENGUA ESTA TIENE QUE SER UNA BUENA MARCA SÍ O SÍ, LA HE VISTO EN MÁS SITIOS QUE EL CABALLITO DE POLO."

"SE LA COPIO A LA JENNY, PERO A MÍ ME HACE MÁS TETAS."

CHONI

No sabe que es un grupo de música, pero tiene rosas y son como las de sus tatus...

"ME GUSTAN LOS RAMONES DE TODA LA VIDA, UNA VEZ LOS VI EN LAS FIESTAS DE MI PUEBLO."

HIPPIE

Ese momento de la vida en el que estás a punto de pasar de hippie a moderna.

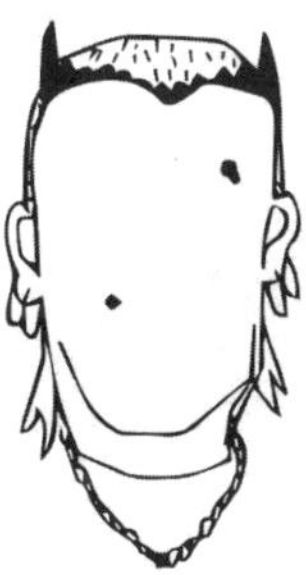

"KISS SIGNIFICA BESO, MENSAJE SUBLIMINAL PA' LA DISCO."

BAKALA

Se la compró en Bershka creyendo que era una camiseta para ligar.

#PostureoMascotas

EL PERROFLAUTA QUE VERANEA EN EL
CHALET DE LA PLAYA DE SUS PAPÁS
Y SE LLEVA AL PERRO PARA
HACERSE EL HIPPIE.

LA MODERNA QUE VA A LA ÚLTIMA
Y SE PILLA UN GALGO PORQUE ES,
COMO TODO LO QUE LE GUSTA,
"NO COMERCIAL".

#PostureoMascotas

EL ROCKABILLY QUE LE COMPRÓ A SU EX, LA QUE SE HACÍA LA PIN-UP, UN BULLDOG FRANCÉS AL QUE SOLO QUERÍA PARA HACERSE LA PIN-UP EN LAS FOTOS.

EL HÍPSTER O ANTIGUO GAFAPASTA QUE SOLO VE PELIS EN FRANCÉS Y LEE EL PERIÓDICO ADOPTA PINCHERS DE LA PROTECTORA PARA HACERSE EL TIERNO Y ASÍ COMPENSAR LO MALOTE QUE LE HACE LA BARBA.

#PostureoModernoyHípster

POSTUREO
MODERNO
Y HÍPSTER

HÍPSTERS QUE NIEGAN QUE SON HÍPSTERS.
¿Hípster yo? Qué ridiculez. Yo lo único que no soy es un mainstream de mierda.
Nietzsche.

HÍPSTERS QUE PRESUMEN DE SU VIDA EN LONDON, PERO QUE NO DICEN QUE ESTÁN TRABAJANDO EN FASTFOODS.

CANCIÓN		ARTISTA	DURA...	ÁLBUM
Pisando Fuerte		Alejandro Sanz	4:33	Basico
Tu y Yo Volvemos al Amor		Monica Naranjo	4:33	Palabra de Muje
Enamorada		Miranda!	3:11	El disco de tu co
Rosa Y Espinas - Duo Con David Bisbal		David Civera, David...	3:34	La Chiqui Big Ba
Once Again		UPAdance	3:37	Upadance Edicio
Es Por Tí - Radio		Juanes	4:11	ConTxTa De Vera
Puto		Molotov	2:07	Donde Jurgaran
Gimme Tha Power	EXPLICIT	Molotov	4:10	Donde Jurgaran
No Te Fallare - Compañeros		Los Lunes Que Que...	3:13	Los Mejores Lun
Escandalo - Con La Colaboracion de David Bisbal		Raphael	4:15	Raphael 50 Años
Tu Veneno		Natalia Oreiro	3:00	NVNS 1/2001

ANCIÓN	ARTISTA	DURA...	ÁLBUM
tereosexual	Mecano	3:45	Ana, Jose, Nacho (TF...
o Me Pidas Mas Amor	Merche	3:27	Mi Sueño
Cuanto Mas Acelero	Javi Cantero	3:45	Javi Cantero
e Parole	Valeria Rossi	3:42	Ricordatevi Dei Fiori
chilipu	Las Grecas	2:30	Por Siempre Grecas -...
ntes Muerta Que Sencilla	Maria Isabel	2:33	¡No Me Toques Las P...
Bomba	King Africa	3:12	Obsesión Latina
anto La Queria	Andy & Lucas	4:40	Andy Y Lucas
delante	Operacion Triunfo 2...	3:37	Adelante
anza De Xuxa	Carmen Y Los Pequ...	3:16	Las 100 Mejores Can...
aila Casanova - Album Version - Spanish	Paulina Rubio	3:46	Border Girl
Hare Por Ti	Paulina Rubio	4:42	Paulina
Me Camelas (Tangos)	Niña Pastori	4:14	Caprichos De Mujer
racticar Sexo	Papa Levante	3:33	Tomalacate
le Pongo Colorada	Papa Levante	4:12	Tomalacate
ue El Ritmo No Pare	Patricia Manterola	3:46	Fiesta Broadway
Y Yo	Thalia	3:43	Thalia

MODERNAS QUE PONEN SESIÓN DE INCÓGNITO EN SPOTIFY CUANDO ESCUCHAN LA LISTA DE MÚSICA PACHANGUERA.

CRITICAR A LOS QUE NO RECICLAN Y CUIDAR DE LA NATURALEZA, PERO TENER UNA FURGONETA VOLKSWAGEN QUE CONTAMINA MÁS QUE FUKUSHIMA.

MODERNAS QUE CAMBIAN DE COLOR DE PELO COMO DE BRAGAS.
Pelu-quería PEPI
MODERNAS QUE DICEN QUE LAS MECHAS CALIFORNIANAS YA SON MAINSTREAM.
¡YA!
Palabra de Yayoi Kusama.

MODERNAS QUE SE FOTOGRAFÍAN EN
UNA HAMBURGUESERÍA AMBIENTADA EN
OS CINCUENTA HACIÉNDOSE LAS PIN-UPS.
Pink
Ladies

MODERNAS QUE SE HACEN LA FOTO CON ALASKA Y MARIO Y PRESUMEN DE QUE SON AMIGOS.

COMPRARSE EL PINTALABIOS ROJO RUSSIAN RED DE MAC Y EL RESTO DEL MAQUILLAJE DE DELIPLUS.

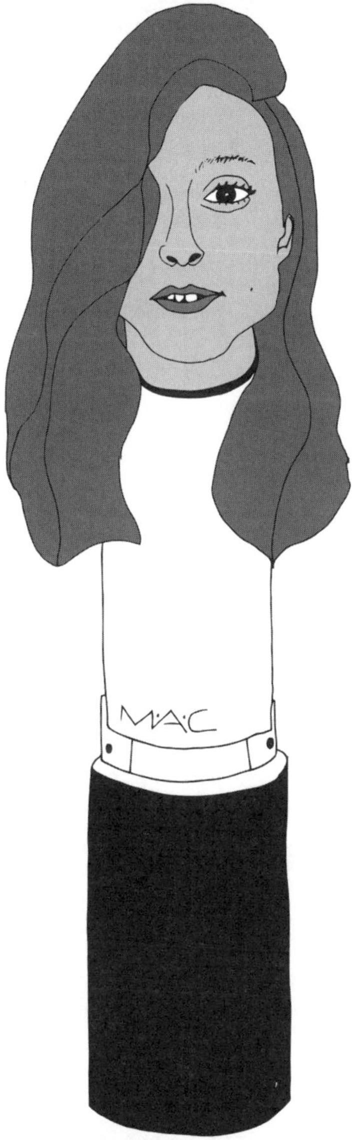

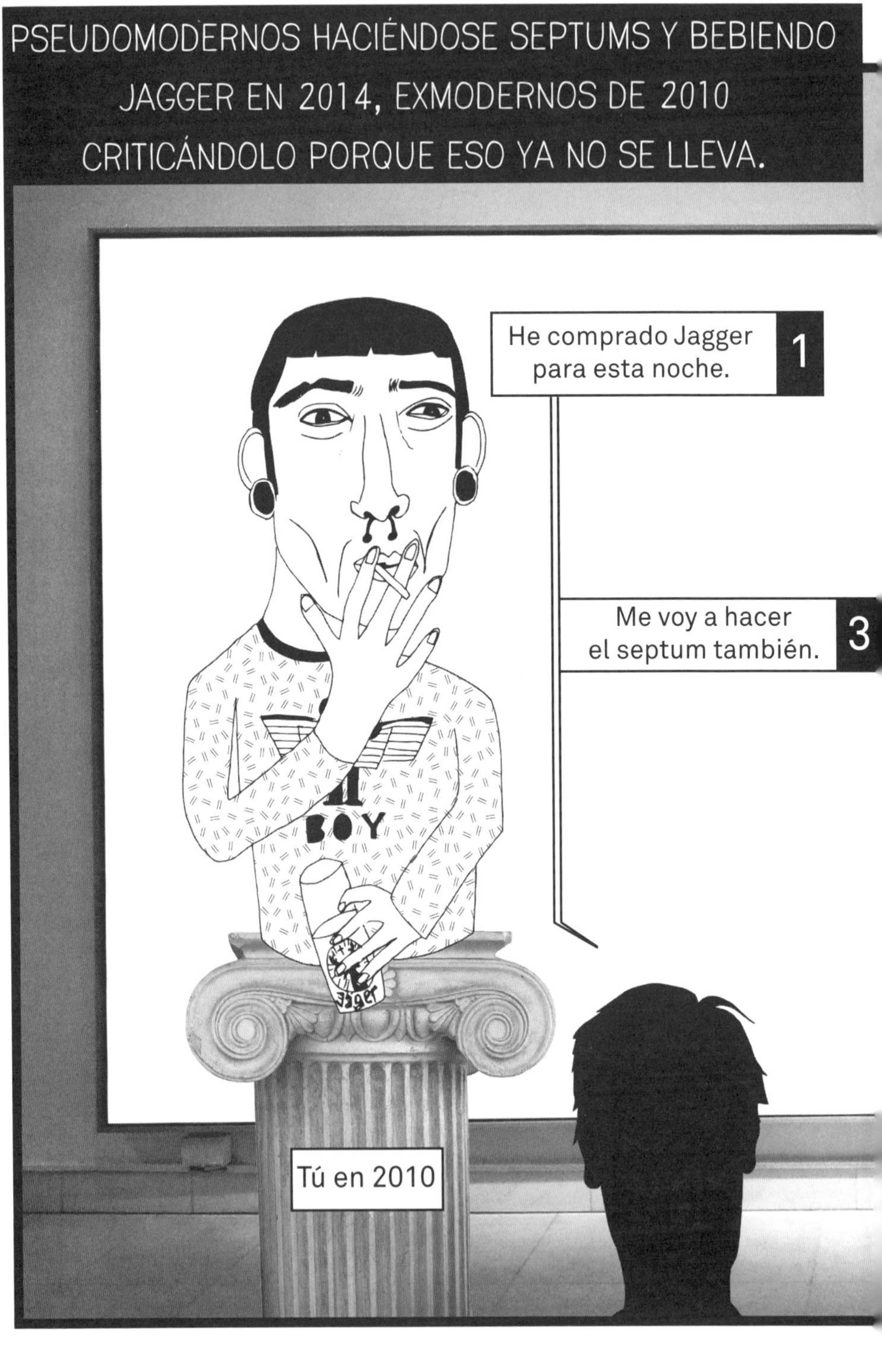
PSEUDOMODERNOS HACIÉNDOSE SEPTUMS Y BEBIENDO JAGGER EN 2014, EXMODERNOS DE 2010 CRITICÁNDOLO PORQUE ESO YA NO SE LLEVA.
He comprado Jagger para esta noche.
1
Me voy a hacer el septum también.
3
BOY
Jäger
Tú en 2010

Exposición
Postureo en el siglo XXI: cronología
Eso ya no se lleva, es super-2011, yo quiero gin-tonic.
4
Pero si ahora lo que mola es quitárselo.
Tú en 2014

PSEUDOMODERNAS QUE SE VAN A VIVIR A MADRID
Y SE CREEN ALASKA EN PLENA MOVIDA.

HÍPSTERS QUE SE VAN A BARCELONA A HACER LAS AMÉRICAS.
Américaaaaaaaaaa, ¡esto es América!

¡TEMAZO!

MODERNOS QUE COMPARTEN LOS CARTELES DE LOS FESTIVALES A LOS QUE VAN A IR, JUNTO CON EL COMENTARIO "CARTELAZO", CUANDO NO CONOCEN NI LA MITAD DE GRUPOS.

MODERNOS QUE LLORAN POR EL CIERRE DE LOS CANALES, ESPECIALMENTE DE LA SEXTA 3.

MODERNOS QUE SE CREEN GUAPOS CON UNA BARBA SIMILAR AL ESTROPAJO DE LIMPIAR LA SARTÉN.

HÍPSTERS QUE NO SABEN QUE VAN A PASAR DE MODA Y QUE LOS AUTÉNTICOS TRENDIES VAN A SER LOS NORMCORE.

#PostureoFestivales
¡El ranking!

TOP 4: EL HORTERALIA.
LETICIA SABATER,
CABEZA DE CARTEL.

TOP 3: EL SOS Y EL ARENAL SOUND CON SUS MEZCLAS (URBANAS Y/O MUSICALES) IMPOSIBLES.

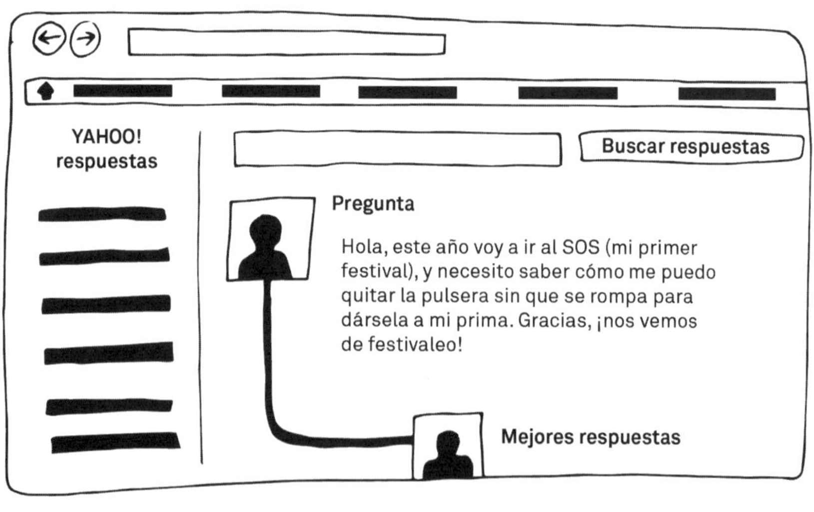

TOP 2: EL FIB,
EL FESTIVAL DE LOS GUIRIS
QUE NO VAN A MAGALUF.

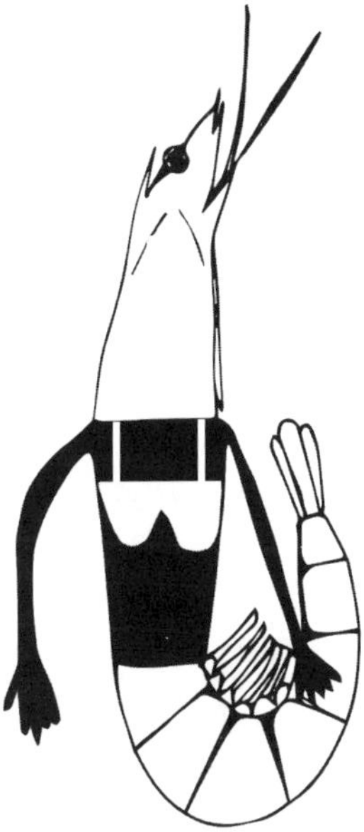

Gambita en vertical.

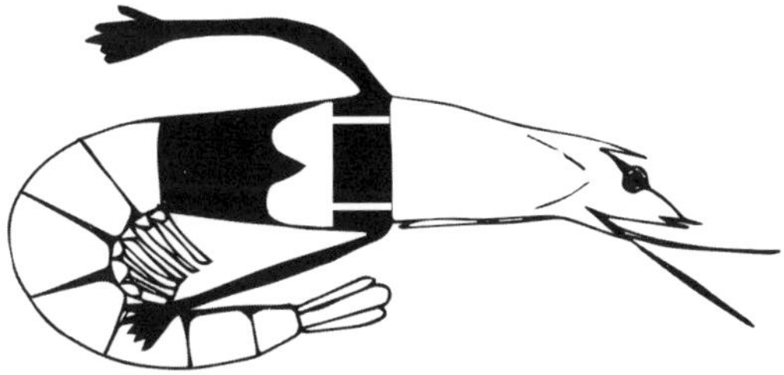

Gambita al cabo de un rato
en horizontal.

TOP 1: EL PRIMAVERA SOUND, DONDE LO MÁS IMPORTANTE NO ES LO QUE VAS A ESCUCHAR, SINO EL OUTFIT QUE VAS A LLEVAR.

#PostureoTatuajes

EL DUENDE, QUE AHORA ES UN TROL VERDE, PARA HACERTE LA MÍSTICA.

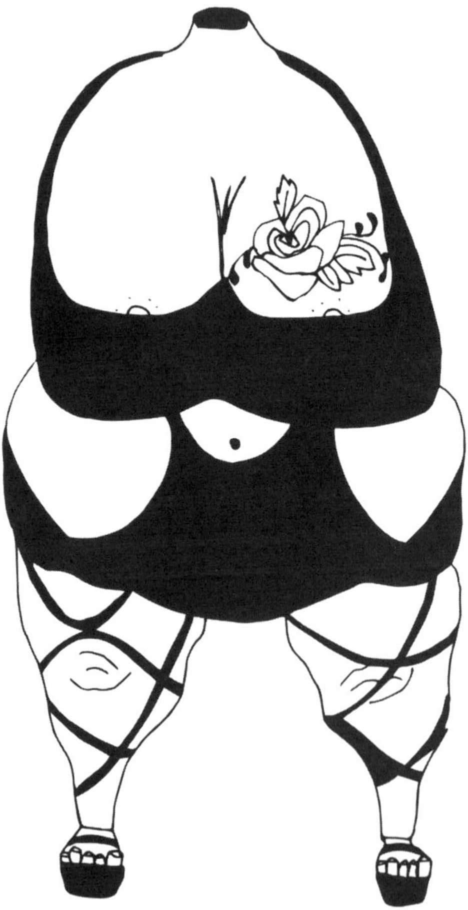

LA ROSA TAN SEXY (AHORA BORROSA) EN LA TETA.

1990

2000

夫

LA LETRA CHINA. TÚ NO SABES LO QUE PONE, LOS DEMÁS TAMPOCO, PERO LA VENTAJA ES QUE PUEDES INVENTARTE UN SIGNIFICADO DISTINTO CADA VEZ.

EL TRIBAL ENCIMA DEL CULO, ESE DEL QUE TE DECÍAN: "NO TE LO HAGAS, QUE NO TE PODRÁN PONER LA EPIDURAL". HAY GENTE QUE LO LLEVA TORCIDO.

2014

#PostureoTatuajes

AHORA MOLA MÁS EL OLD SCHOOL: “A MÍ ME HA GUSTADO DE SIEMPRE UN ANCLA”, “LA CRUZ NO ME LA HAGO POR MODA”... PERO NO.

¿QUÉ SERÁ LO SIGUIENTE?

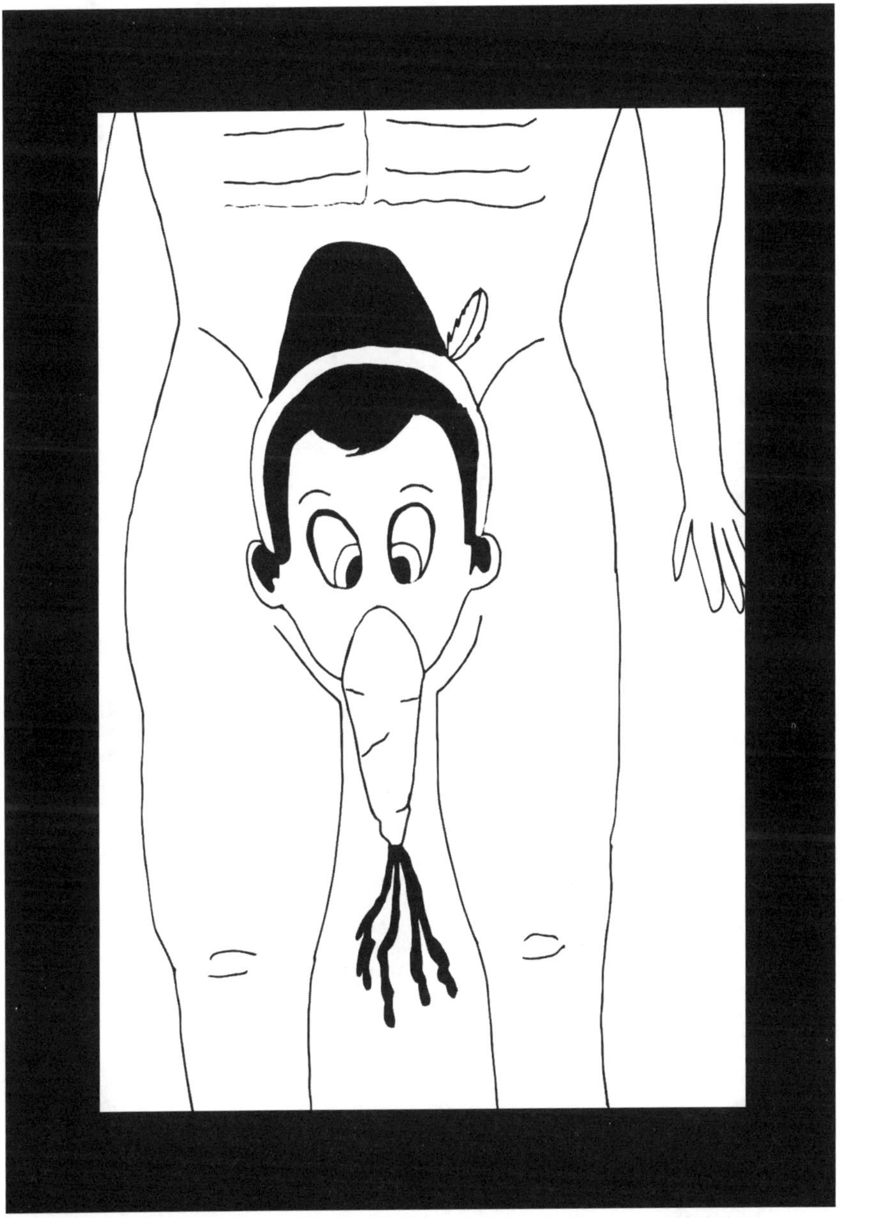

#PostureoRedesSociales

VER LA PELÍCULA
DE FACEBOOK
Y EMOCIONARSE.

POSTUREO EN LAS REDES SOCIALES

¡Descubre las claves!

1 Hazte el interesante

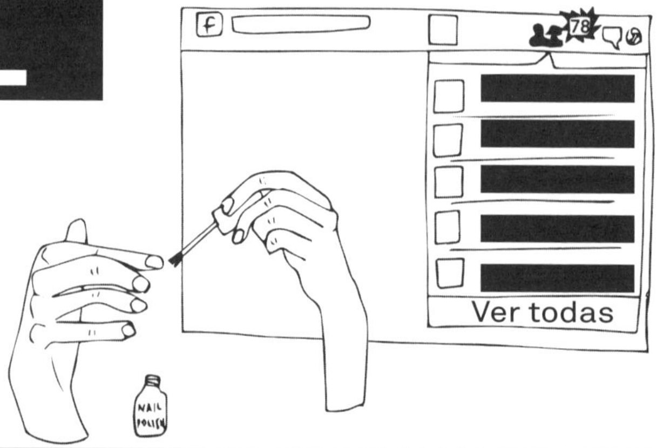

HAZTE DE ROGAR ANTES DE ACEPTAR UNA SOLICITUD DE AMISTAD.

PUBLICA ESTADOS DRAMÁTICOS PARA QUE TUS AMIGOS TE PREGUNTEN QUÉ TE PASA.

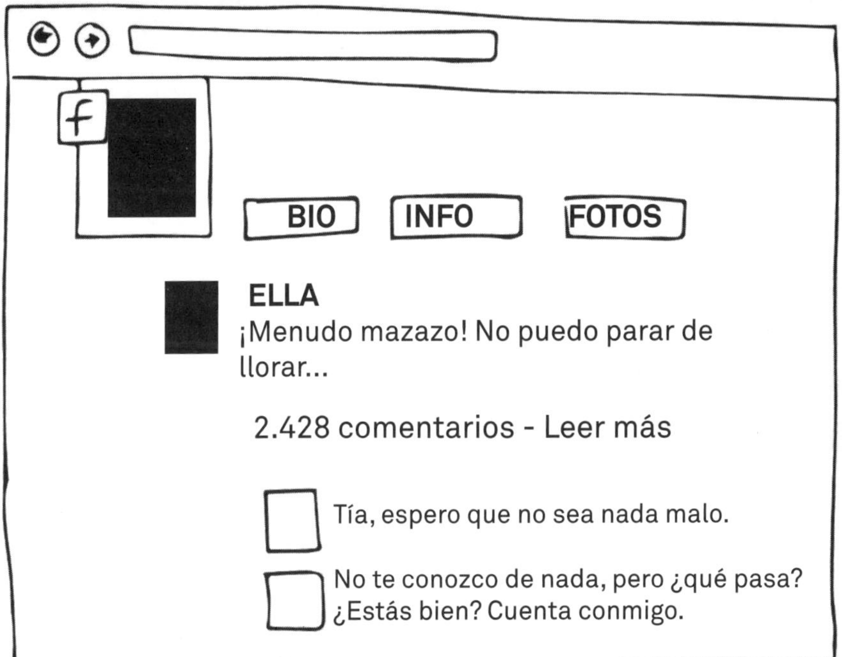

2.500 comentarios después, descubrimos el motivo: había visto el final de *Six Feet Under*.

PUBLICA CUENTAS ATRÁS: “6 DÍAS”, “5 DÍAS”...

2 Habla con propiedad

DECIR "FOLLOWERS" Y "LIKES" EN VEZ DE "SEGUIDORES" Y "ME GUSTA".

3 Amenaza

AVISAR DE LA LIMPIEZA DE AMIGOS QUE VAS A HACER EN TU FACEBOOK.

Que sepan que madrugas

4

MADRUGA Y DEJA CONSTANCIA:
"BUENOS DÍAS, FACEBOOK".

¡Grrrr!

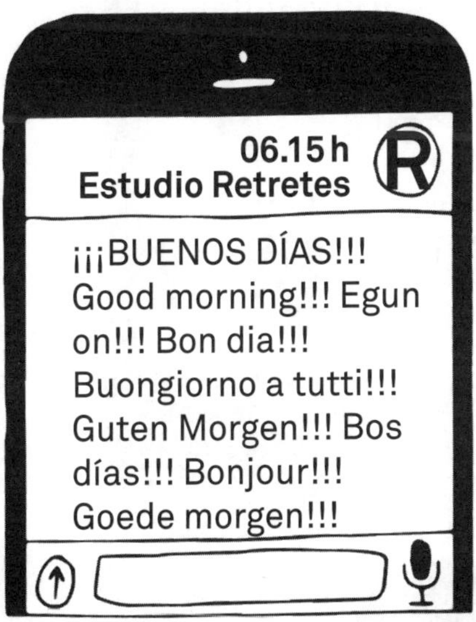

O PON LO MISMO SI
NO TE HAS ACOSTADO.

SUBE UNA FOTO CON FILTRO VINTAGE Y LLÉNALA DE HASHTAGS.

Véndete bien

6

FOTO DE PERFIL JUNTO A TUS SOBRINOS PEQUEÑOS PARA HACERTE EL TIERNO Y A VER SI PILLAS.

7 Mentiras y gordas

PON COMO CIUDAD DE ORIGEN LA CIUDAD EN LA QUE VIVISTE EN TU AÑO DE ERASMUS.

HAZ EL TEST DE LA MÁQUINA DE COMPATIBILIDAD DE FACEBOOK CINCUENTA VECES, HASTA QUE TE SALGA LA PERSONA QUE TE INTERESA, Y SOLO ENTONCES PUBLÍCALO.

#PostureoViajes

NO QUITAR LAS PEGATINAS DEL AEROPUERTO DE LA MALETA EN TRES AÑOS.

LLEVAR LA TARJETA DE EMBARQUE EN UNA FUNDA PLASTIFICADA.

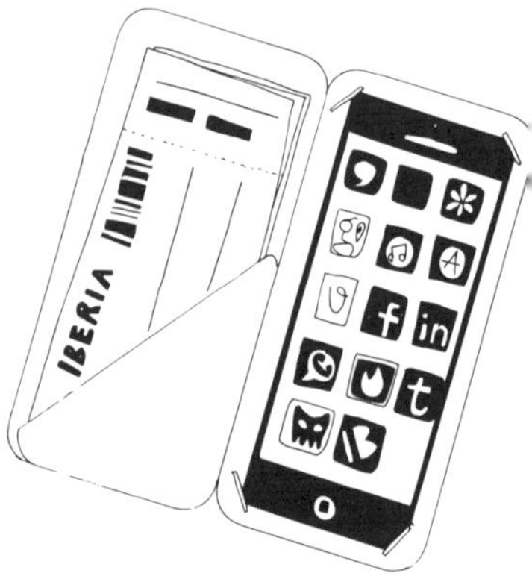

ACTIVAR EL GEOLOCALIZADOR CUANDO VIAJAS AL EXTRANJERO. DESACTIVARLO CUANDO TE VAS AL PUEBLO DE TU PADRE.

APLAUDIR CUANDO EL AVIÓN ATERRIZA EN SU DESTINO.

#PostureoFoodies

BLOGUERAS ULTRADELGADAS QUE SUBEN A INSTAGRAM FOTOS DE CUPCAKES, MACARONS Y DONUTS DE COLORINES. CARI, ESTO NO TE LO HAS COMIDO Y LO SABES.

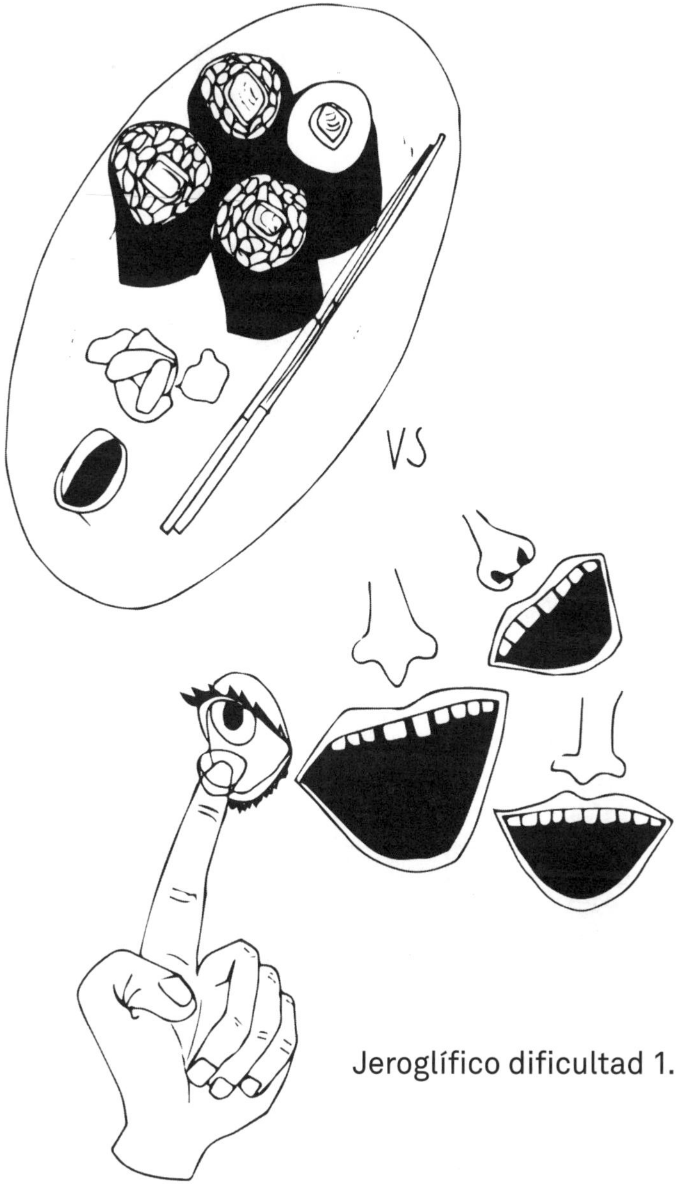

Jeroglífico dificultad 1.

SUBIR FOTO CUANDO COMES SUSHI,
PERO NUNCA CUANDO COMES LENTEJAS.

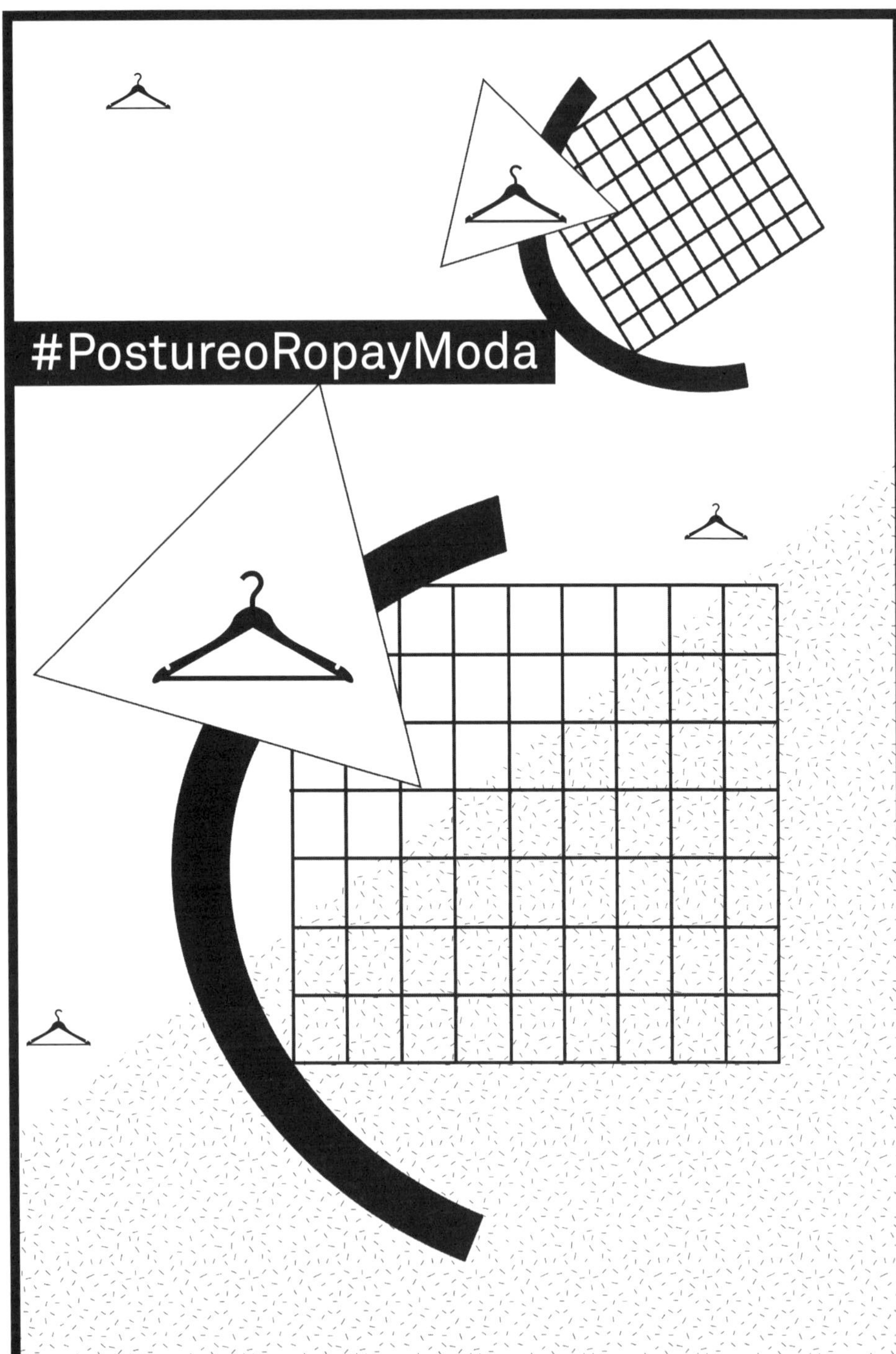
#PostureoRopayModa

POSTUREO DE ROPA Y MODA

Conjunto inspirado en Agatha Ruiz de la Prada.

ANTES
DESPUÉS
CHICAS QUE SE TATÚAN Y SE CREEN PIN-UPS.

ARRASAR CON EL ARMARIO DE TU ABUELA
PARA COGER TODO EL VINTAGEO.

MERCA
¡Me lo quitan de las manos, señora!
¡A 1 eurico todo!

DILLO

GENTE QUE COGE UN MONTÓN DE ROPA DE LA BASURA Y LA VENDE COMO "ROPA VINTAGE".

HACERTE BLOGUERA CON FOTOS TOMADAS EN TU CASA, CON LA CORTINA Y EL RECIBIDOR DE FONDO, HECHAS POR TU AMIGO AMBIGUO.
LOOK DE HOY:
Camiseta azul klein de Primark.
Shorts estampados de Primark.
Zapatos de tacón de Lefties.
Collar handmade.

PREGUNTARLE DE DÓNDE ES
LA ROPA A LA BLOGUERA DE TURNO.
HERMANAS FLIPANDA
VOGUE
FOREVER
YOUNG
COMMUNITY

#PostureoEvoluciónModa

EN LOS OCHENTA FUERON LAS VEDETTES CON AIRE DIVINO E INALCANZABLE.

Norma Duval, "Una vida de espectáculo".

EN LOS NOVENTA, LAS CELEBRITIES DE LAS SERIES DE LA TELEVISIÓN.

TANTO HA EVOLUCIONADO LA CERCANÍA DE LOS MÁS GUAYS DEL MOMENTO QUE HOY EN DÍA TODOS QUIEREN SER BLOGGERS: CELEBRITIES DE LA ACTUALIDAD.

CERRARON SU FOTOLOG PARA QUE NO LOS VIÉRAMOS CON LAS PERLAS Y LA CAMISETA DE TINTÍN, CON ESO DEL DERECHO AL OLVIDO. LOS BLOGGERS LUCEN ROPA Y PERCHA, PONEN POSES MUY GUAYS Y SUBEN LA FOTO A SUS REDES SOCIALES.

PAULA ECHEVARRÍA Y CHABELITA SON UN BUEN EJEMPLO.

"Me encantaría estudiar un curso o un módulo de moda." Chabelita Panto *dixit*.

#PostureoCalzado

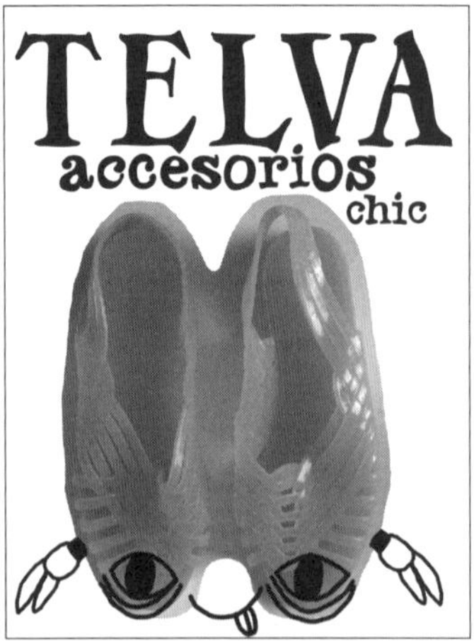

GENTE QUE SOLO QUIERE ZAPATOS DE PIEL PORQUE "CON LOS PIES NO SE JUEGA", PERO QUE LUEGO NO SE QUITA LOS QUE REGALAN CON "TELVA" EN TODO EL VERANO.

Las cangrejeras.

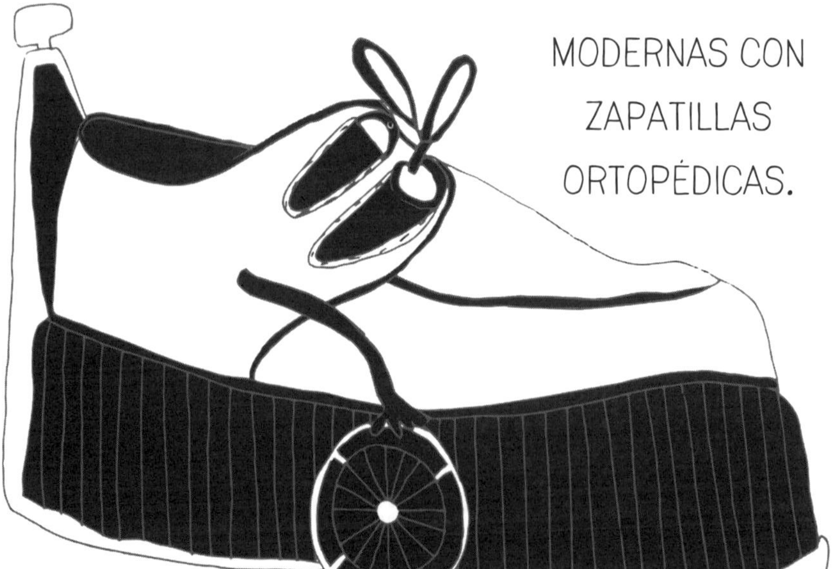

MODERNAS CON ZAPATILLAS ORTOPÉDICAS.

LLEVAR LAS ZAPATILLAS AL ZAPATERO
PARA QUE TE PONGA UNA PLATAFORMA PROTÉSICA.

SALIR DE CASA CON TACÓN DE AGUJA Y DE PUNTA
EN BLANCO. VOLVER A LAS 7 DE LA MAÑANA COMO SI
VINIERAS DE LA GUERRA Y CON LOS ZAPATOS EN LA MANO.

#PostureoCinéfilo

POSTUREO CINÉFILO

HACERLE UNA FOTO AL TELEVISOR CUANDO ESTÁS VIENDO UNA PELÍCULA DE TARANTINO. NO HACERLO CUANDO VES "UNA CONEJITA EN EL CAMPUS".

DECIR QUE LAS SEGUNDAS PARTES NUNCA FUERON BUENAS CUANDO TE REFIERES A "KILL BILL 2". CONTAR LOS DÍAS QUE QUEDAN PARA QUE SE ESTRENE LA SEGUNDA PARTE DE "OCHO APELLIDOS VASCOS".

PUNTUAR EN FILMAFFINITY TODAS LAS PELÍCULAS DE WOODY ALLEN CON UN 9 AUNQUE NO LAS HAYAS VISTO. PONERLE UN 4 A "AMERICAN PIE" AUNQUE SEA TU FAVORITA.

MODERNAS QUE SE HACEN UN BOOK DE FOTOS CON UN VESTIDO AZUL Y LO TITULAN "BLUE VELVET", SIN HABER VISTO NI ESA PELÍCULA NI NINGUNA DE LYNCH.

DECIR QUE TU MÚSICA FAVORITA ES LA DE LYNCH, CUANDO EN REALIDAD ES LA DE SONIA Y SELENA.

LLAMARSE LAURA. PONERSE "PALMER" DE APELLIDO EN FACEBOOK, Y NO HABER VISTO "TWIN PEAKS".

APELLIDARTE VAN DE KAMP, VAN DER WOODSEN, SHEPARD O STACKHOUSE.

CREERTE JESSICA PARKER EN "SEXO EN NUEVA YORK".

DECIR QUE TE NIEGAS A VER UNA PELÍCULA SI NO ES EN V.O.S. ESTAR DOS HORAS JODIDO LEYÉNDOLA.

DECIR QUE TUS ACTORES FAVORITOS SON JACK NICHOLSON Y MERYL STREEP, CUANDO EN REALIDAD SON BRAD PITT Y JULIA ROBERTS.

#PostureoLibros

MODERNOS QUE DICEN: “YO NO LEO LIBROS ELECTRÓNICOS PORQUE ME GUSTA EL OLOR DEL PAPEL”.

BAJARTE EL LIBRO A LA PLAYA
CUANDO NO HAS LEÍDO EN TODO EL AÑO.

#PostureoRevistas

REVISTAS DE LOS NOVENTA:
CARTEARSE CON DESCONOCIDOS "SUPERPOPEROS" QUE SE DEFINÍAN COMO GENTE DIVERTIDA Y ENROLLADA, PERO QUE AUN ASÍ MENDIGABAN AMIGOS.

_ DISEÑO PSEUDOVINTAGE DE "JOT DOWN".

REVISTAS DE MODA:
LAS SECCIONES EN LAS QUE RECOMIENDAN A LAS MUJERES EL LOOK PARA LA OFICINA, COMO SI TODAS TUVIERAN EL MISMO TRABAJO, Y QUE MÁS BIEN PARECE EL OUTFIT PARA IR DIVINA AL AFTERWORK.

#PostureoVeraniego

POSTUREO VERANIEGO

MODERNOS CON LA MUÑECA REPLETA DE PULSERAS ROÑOSAS DE FESTIVALES DESDE 2010.

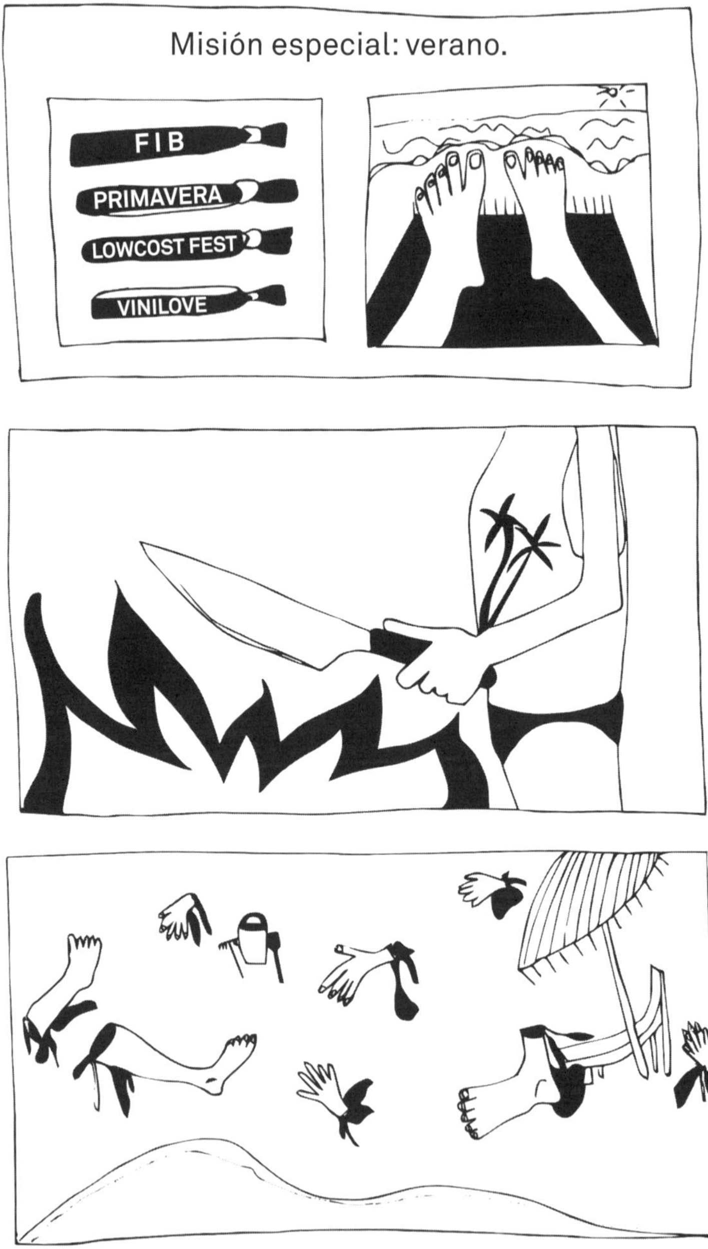

LLEVARTE UNA PIEZA DE FRUTA Y ENSALADA A LA PLAYA, CUANDO ESTÁS TODO EL AÑO COMIENDO GRASAS SATURADAS.

FOTOS DE CERVECITAS, PAELLAS Y DE FONDO LA PLAYA, INCLUYENDO LAS FRASES “SUFRIENDO” O “LA VIDA ES PARA NOSOTROS”.

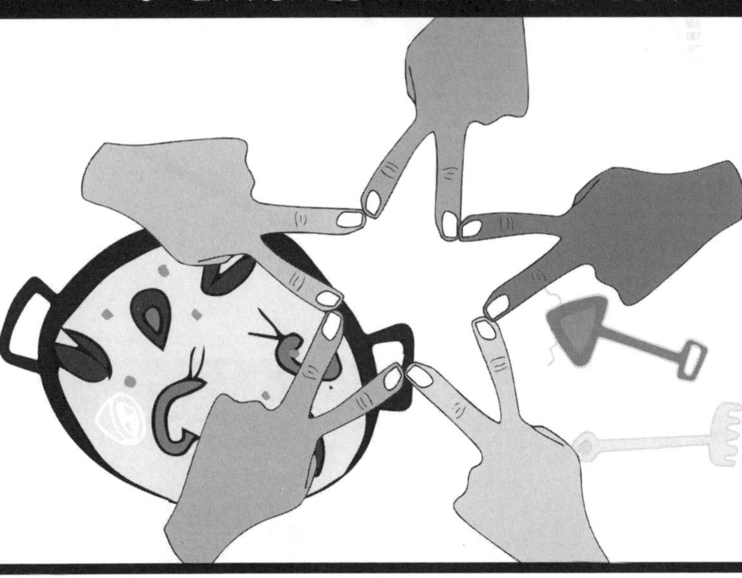

REDES SOCIALES REPLETAS DE FOTOS DE PIES EN LA PLAYA. (DESPUÉS DE LAS FOTOS DE APUNTES, LLEGAN LAS FOTOS DE PIES.)

FOTO DE FILA DE AMIGAS DE ESPALDAS
EN TOPLESS MIRANDO AL MAR.

ANUNCIOS DE CERVEZA QUE PRETENDEN SER AL VERANO LO QUE EL DE FREIXENET ES A LA NAVIDAD.

#PostureoCafeterías
¡El ranking!

TOP 1:

LOS MÁS RETRO RENIEGAN DE LAS NUEVAS TECNOLOGÍAS: SE LLEVAN LA MÁQUINA DE ESCRIBIR Y SE HACEN LA FOTO CON LA CÁMARA LOMOGRÁFICA O LA POLAROID, PERO NO SE OLVIDAN DE ESCANEARLA PARA ACABAR SUBIÉNDOLA A LA RED.

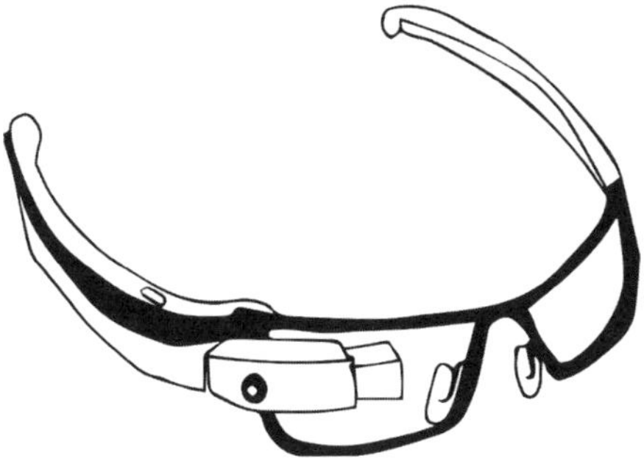

TOP 2:

LO ÚLTIMO SON LAS GOOGLE GLASS. SI VES A ALGUIEN CON ELLAS EN UN STARBUCKS Y TE MIRA, IGUAL LE SALTA EL ANTIVIRUS.

#PostureoCafeterías
¡El ranking!

TOP 3:

IR SOLO AL STARBUCKS, HACER UNA FOTO DESDE ARRIBA AL CUPCAKE Y AL CAFÉ CON UN DIBUJO EN FORMA DE CORAZÓN SOBRE LA ESPUMA, Y SUBIRLA A LAS REDES SOCIALES DESDE TU IPHONE, SIN OLVIDARTE DE ACTIVAR EL LOCALIZADOR PARA DEJAR CLARO QUE ESTÁS EN UN SITIO MUY MODERNO.

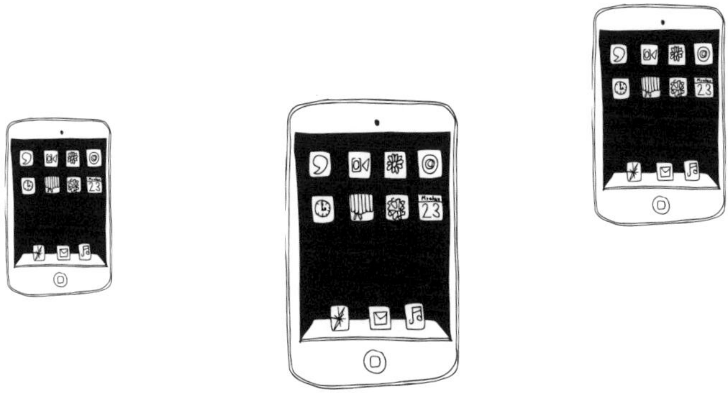

TOP 4:

TAMBIÉN HAY QUIEN OPTA POR LLEVARSE EL MACBOOK PARA PASARSE LA TARDE GORRONEANDO EL WI-FI DEL LOCAL, Y DE PASO FARDAR DE ORDENADOR MIRANDO POR ENCIMA DE LAS GAFAS DE PASTA A LOS QUE LLEVAN UN PC.

#BienaventuranzasDeportivas

BIENAVENTURADOS LOS QUE VAN AL GIMNASIO A PASEAR, PUES TENDRÁN EL PALMITO MÁS FAMOSO DEL GYM.

BIENAVENTURADOS LOS QUE PUBLICAN EN FACEBOOK LOS KILÓMETROS QUE RECORREN HACIENDO RUNNING BAJO EL TÍTULO “SUPERÁNDOME”, PUES REYES SERÁN DEL EXHIBICIONISMO SANO, POR MUCHO QUE HAYAN IDO EN MOTO CON EL CUENTAKILÓMETROS.

BIENAVENTURADOS LOS QUE SE COMPRAN LA MÁQUINA DE ABDOMINALES DE LA TELETIENDA, PUES SUYO SERÁ EL CUERPO DEL DESEO.

BIENAVENTURADOS LOS QUE VAN AL BERSHKA A COMPRARSE TODO EL FLÚOR PARA PONÉRSELO CUANDO HACEN RUNNING, PORQUE SUYA SERÁ LA MODA DE LA CALLE, AUNQUE HAGAN DE TODO MENOS CORRER.

#BienaventuranzasDeportivas

BIENAVENTURADOS LOS QUE PUBLICAN EN SUS REDES SOCIALES LO QUE LES HACE SUFRIR SU "PERSONAL TRAINER", AUNQUE LO HAGAN DESDE EL SOFÁ COMIENDO UN BUEN BIG MAC.

BIENAVENTURADOS LOS QUE SE QUEJAN DE QUE AHORA ESTÁ DE MODA EL RUNNING Y QUE CORRE TODO EL MUNDO, PUES CON RAZÓN PODRÁN PRESUMIR DE QUE ELLOS YA CORREN "DE TODA LA VIDA".

BIENAVENTURADOS LOS QUE VAN A PILATES, PUES PODRÁN CONTAR LO QUE LLENA ESPIRITUALMENTE ESTE DEPORTE.

BIENAVENTURADOS LOS QUE SE APUNTAN AL GIMNASIO EL PRIMERO DE ENERO, CON EL TAN BUEN PROPÓSITO DE AÑO NUEVO, AUNQUE LUEGO NO APAREZCAN NUNCA MÁS EN TODO EL AÑO.

#PostureoNavideño

POSTUREO NAVIDEÑO

¡Aquí está la Navidad!

IR A LA MISA DEL GALLO A LUCIR MODELITO,
CUANDO NO HAS IDO A LA IGLESIA EN TODO EL AÑO.

DECIR QUE NO CELEBRAS PAPÁ NOEL PORQUE ES UNA AMERICANADA, PERO DARLO TODO EN HALLOWEEN.
THIS IS
LOS PROPÓSITOS DE AÑO NUEVO: ABSOLUTAMENTE TODOS.
KEEP CALM AND LAST BURGER

APUNTARSE AL GIMNASIO EL 7 DE ENERO.

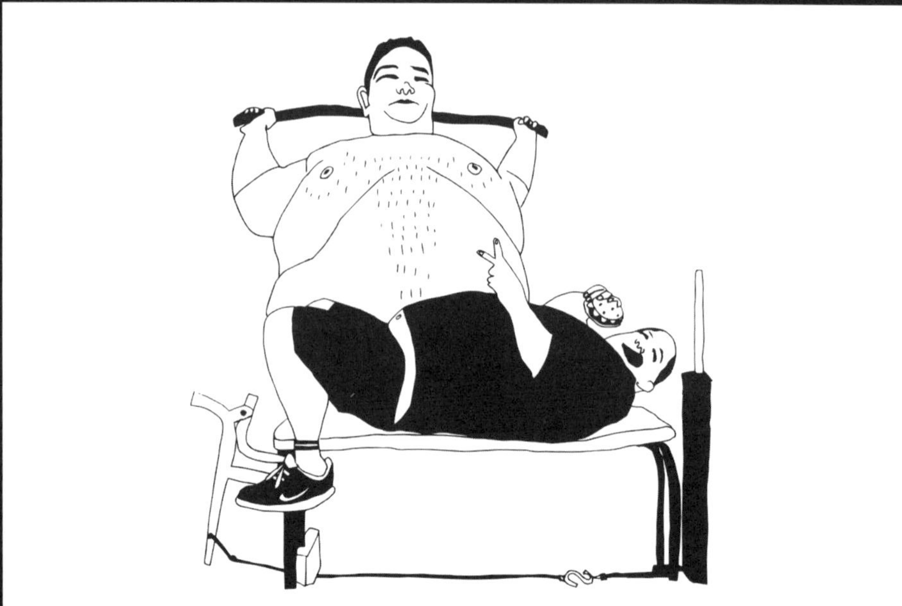

GENTE QUE "ODIA LA NAVIDAD" PERO QUE NO SE PIERDE UN SARAO DE ESTAS FIESTAS.

"YO SOY MÁS FELIZ HACIENDO REGALOS QUE RECIBIÉNDOLOS."
CRITICAR LA NAVIDAD PORQUE ES UNA FIESTA CAPITALISTA. LLEVAR UN IPHONE Y UNAS ZAPATILLAS DE 200€.
Feliz Capi- talis- mo

LAS CENAS DE EMPRESA.
DARLE EL ABRAZO FALSO AL IDIOTA QUE TE HA TOCADO EN EL AMIGO INVISIBLE.
JUDAS
¡AH, AH!

LAS SEÑORAS QUE HACEN COLA, CORREN Y SE PELEAN POR UN TRAPO DE REBAJAS.

DECIR QUE TE ENCANTAN TODOS LOS REGALOS DE MIERDA QUE TE HACEN EN ESTAS FECHAS. DEVOLVERLOS TODOS EN LAS REBAJAS DE ENERO.

GLOSARIO

AFTERWORK:
EXCUSA PARA PONERSE
HASTA EL CULO DE GIN-TONICS
A LA SALIDA DEL TRABAJO.

ANIMAL PRINT:
ESTAMPADO DE
LEOPARDO.

AZUL KLEIN:
EL AZUL ELÉCTRICO.

BLAZER:

AMERICANA DE TODA LA VIDA.

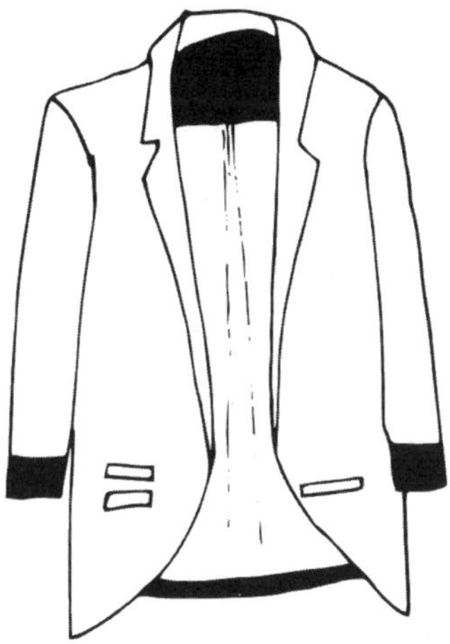

CASUAL:

EUFEMISMO PARA DECIR QUE VAS HECHO UN CROMO.

BLOGUERA:

HOY EN DÍA CUALQUIERA SE DENOMINA “BLOGUERA”. QUIEREN TENER MUCHOS SEGUIDORES Y QUE LAS ADMIREN MUCHO.

"CLAB":

LO MISMO QUE CLUB, PERO ACABA DE LLEGAR DE LONDRES.

Since 1992...

CROP TOP:

SE DICE DE LAS CAMISETAS CORTAS O CORTADAS POR UNO MISMO.

CLUTCH:

BOLSO DE MANO.

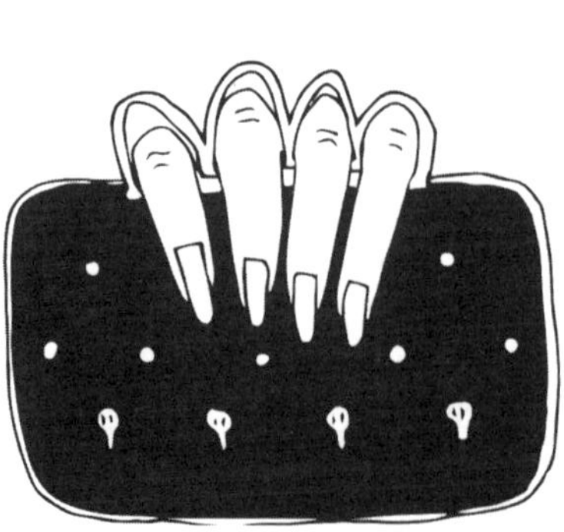

DENIM:

VAQUERO.

DJ: HOY EN DÍA, CUALQUIERA QUE "PINCHE" CON SPOTIFY.

IBICENCO:

SE PUEDE APLICAR A MUCHOS EVENTOS, FIESTAS... EN UNA BODA O FIESTA IBICENCA, LOS INVITADOS VAN DE BLANCO. NO ES NECESARIO ESTAR EN IBIZA: PUEDE CELEBRARSE LA FIESTA EN UN SECARRAL DE CUENCA, PERO SEGUIRÁ SIENDO IBICENCA.

IT GIRLS:
LAS MÁS GUAYS DEL MOMENTO.

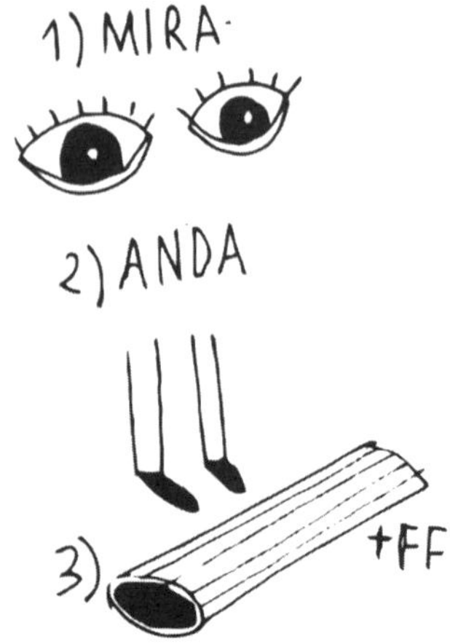

Jeroglífico nivel 5.

NAIL ART:
PINTARSE LAS UÑAS.

OCRE:
COLOR MIERDA.

OUTFIT:

CONJUNTO DE ROPA Y COMPLEMENTOS. LAS MÁS MODERNAS TIENEN PENSADO UN OUTFIT DISTINTO PARA CADA DÍA DEL AÑO Y LO MUESTRAN EN SUS BLOGS.

OVERSIZE:

CUANDO UNA PRENDA DE VESTIR TE VIENE GRANDE PERO QUEDA MÁS COOL.

PERFECTO:

CHAQUETA.

POSTUREO: ERES TÚ.

¿Cuál es el mayor postureo que has hecho en tu vida?

#PostureoElLibro

POR FAVOR, PEGA O DIBUJA AQUÍ TU POSTUREO
Y COMPÁRTELO EN LAS REDES SOCIALES.

SELFIE: AUTOFOTO. EN LOS 2000 FUE MUY CRITICADA CUANDO LAS CHONIS SE LAS HACÍAN EN EL BAÑO CON LA TOALLA ENROLLADA A LA SALIDA DE LA DUCHA.

STREET STYLE:

GENTE DE LA CALLE A LA QUE
UN FOTÓGRAFO HACE FOTOS.

TIE DYE:

MODA DE LOS NOVENTA QUE CONSISTE EN ATAR UNA CUERDA A LA PRENDA Y TEÑIRLA EN LA LAVADORA.

Por favor, no intente hacerlo en su casa.

TRENDY:

GENTE MODERNA.

VINTAGE:

ROPA DE GENTE QUE HA PASADO A MEJOR VIDA.

La camisa de tu abuela.

#AntiPostureo

A VECES
TAMBIÉN ERES TÚ.

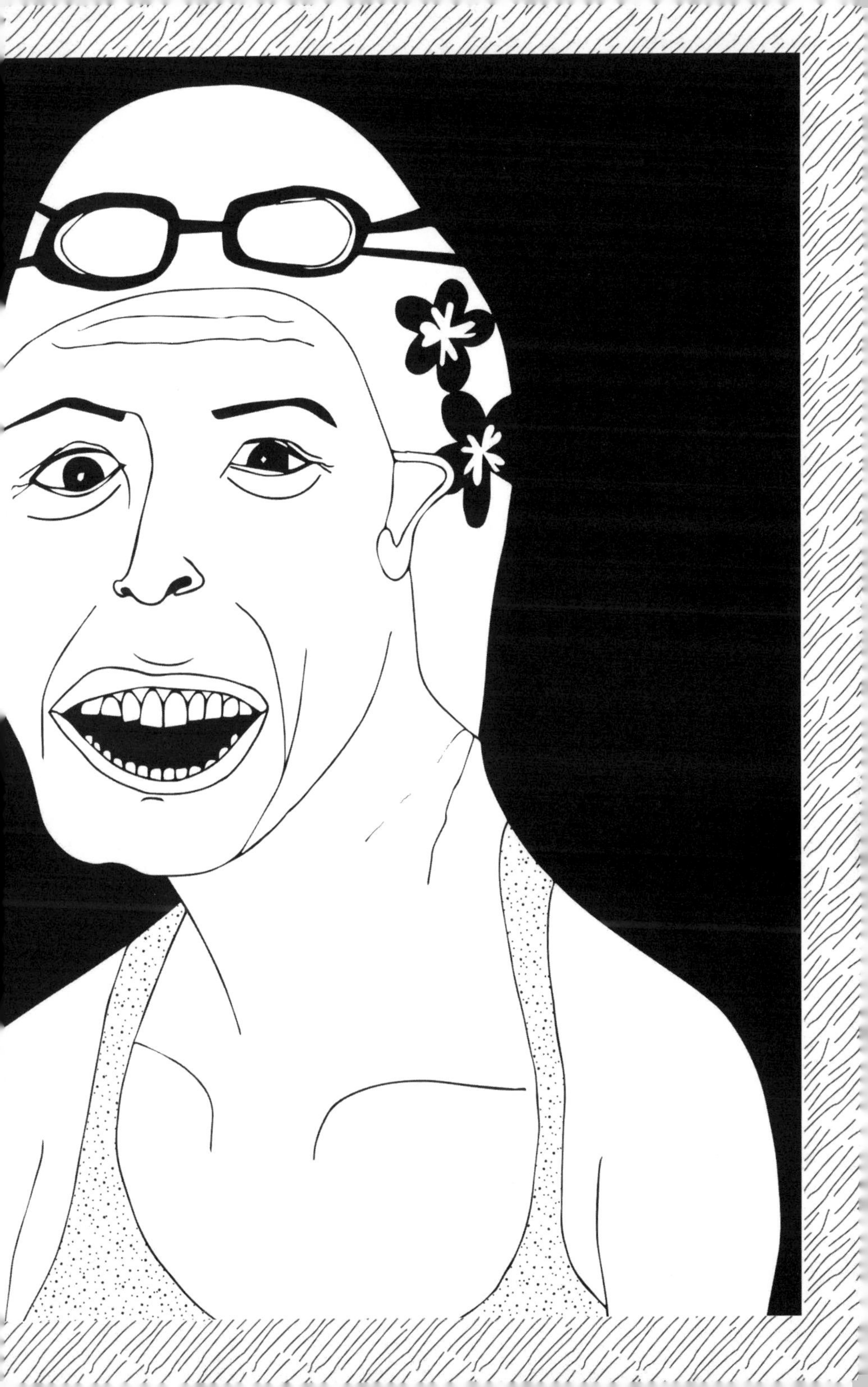